Ziemlich beste Schwestern
So ein Affentheater!

SARAH WELK

Ziemlich beste Schwestern

So ein Affentheater!

Mit Illustrationen von Sharon Harmer

arsEdition

Bibliografische Information der Deutschen Nationalbibliothek
Die Deutsche Nationalbibliothek verzeichnet diese Publikation
in der Deutschen Nationalbibliografie;
detaillierte bibliografische Daten sind im Internet
über http://dnb.d-nb.de abrufbar.

MIX
Papier aus verantwortungsvollen Quellen
FSC® C107574

Die Autorin wird vertreten durch die Autoren- und Projektagentur
Gerd F. Rumler (München)

ISBN 978-3-8458-2143-6

www.arsedition.de

Für Mila, Martha und Mats

Inhalt

Wie wir einmal herausfinden wollten, was für Geräusche Giraffen machen

Mein liebster Tag in der Woche ist Montag. Da habe ich nämlich Turnen in der Schule, und das macht mir am meisten Spaß von allem.

Dienstag und Mittwoch und Donnerstag und Freitag und Samstag mag ich manchmal gerne und manchmal nicht so gerne, das ist verschieden. Und Sonntage finde ich eigentlich richtig blöd. Sonntags ist immer alles soooo langweilig. Mama und Papa wollen dann den ganzen Tag nur Zeitung lesen und essen und schlafen.

Aber heute ist alles anders. Heute ist zwar Sonntag, aber kein normaler. Heute ist ein richtiger Super-Sonntag. Mama und Papa und Flo und ich gehen nämlich zusammen in den Zoo. Da wollen wir uns das Nilpferdbaby angucken, das eigentlich bei uns einziehen sollte, aber dann doch nicht.

Schon als ich aufwache, bin ich ganz aufgeregt und habe Herzklopfen, weil ich mich so freue. Draußen ist es noch dunkel, aber das ist eigentlich sogar gut, weil wir ja noch ziemlich viel vorbereiten müssen, bevor wir losfahren können.

»Flo«, flüstere ich und ziehe ein bisschen an ihrer Decke. »Wach auf! Wir fahren gleich in den Zoo!«

Eigentlich braucht Flo morgens immer ziemlich lange zum Aufwachen, aber heute nicht. Sie schlägt die Augen auf und springt aus dem Bett. »Komm, wir wecken Mama und Papa«, ruft sie und flitzt los.

Und das machen wir dann auch. Wir springen mit Anlauf ins große Bett und Flo setzt sich direkt auf Papas Bauch und hopst ein bisschen. Aber Papa schläft einfach weiter, deshalb zieht sie mit dem Zeigefinger ganz vorsichtig an den Lidern sein Auge auf.

»Huhu!«, ruft Flo dabei und kichert, weil Papas Auge so lustig aussieht.

Papa knurrt ein bisschen und dreht sich mit Schwung zur Seite.

Aber wenigstens Mama ist jetzt wach. Sie guckt auf ihre Uhr und stöhnt: »Och nöö. Es ist erst fünf Uhr! Also eigentlich ist es noch mitten in der Nacht!«

Aber da sage ich, dass das nicht stimmt, weil Onkel Jussi nämlich jeden Morgen um fünf Uhr aufsteht. Und dass wir jetzt auch nach unten gehen müssen, weil wir ja noch Frikadellen und Pfannkuchen machen wollen, damit wir im Zoo picknicken können.

Mama rührt sich nicht, deshalb pike ich sie leicht mit dem Finger in den Bauch. »Oh Mann, Mimi«, sagt sie. »Ich bleibe noch ein bisschen liegen, ja? Ihr beiden könnt doch vorher ein wenig spielen.«

Flo beugt sich zu mir hinüber und flüstert ganz leise in mein Ohr: »Ich habe eine richtig gute Idee! Wir gehen schnell in die Küche und machen alleine Frikadellen!«

Aber da sagt Mama, sie hat es sich doch anders überlegt. Und dass sie jetzt gerne aufstehen und mit uns nach unten kommen will. Und so machen wir es.

Ja, und dann geht der Tag endlich richtig los. Also zumindest fast, erst einmal muss Mama Kaffee kochen.

»Bevor ich keinen Kaffee getrunken habe, kann ich nicht klar denken und keine Pfannkuchen machen und auch keine Frikadellen. Und erst recht nicht morgens um fünf Uhr«, sagt sie.

Und deshalb bereiten Flo und ich schon mal alle anderen Sachen vor. Wir legen unsere Jacken und Schuhe bereit, und Flo holt noch ihren Rucksack und steckt Raffi hinein, das ist ihre Kuschelgiraffe.

»Der muss auf jeden Fall mit«, sagt sie. »Raffi will nämlich endlich mal andere Giraffen kennenlernen und sich ein bisschen unterhalten.«

»Was machen Giraffen eigentlich für Geräusche?«, frage ich, weil ich das nämlich überhaupt nicht weiß.

»So wie Kalle«, antwortet Flo. »Die machen auch *Miau.*«

Aber da sage ich, dass das nicht stimmen kann. Giraffen sind doch keine Katzen!

»Das stimmt wohl!«, sagt Flo und klingt ein bisschen beleidigt. »Raffi gehört schließlich mir. Und ich weiß ja wohl besser als du, was er für Geräusche macht.«

Aber in dem Moment ruft Mama uns, weil wir jetzt zusammen das Essen vorbereiten können. Und dann braten wir 24 Frikadellen und zwölf Pfannkuchen. Die bestreuen wir auch noch mit Zimt und Zucker. Also natürlich nur die Pfannkuchen und nicht die Frikadellen. Das riecht schon so gut, dass

mir das Wasser im Mund zusammenläuft und ich am liebsten sofort alles aufessen würde. Aber das geht nicht, denn sonst hätten wir ja nichts mehr für den Zoo übrig.

Und dann nehmen wir eine Frikadelle und laufen ins Schlafzimmer und halten sie Papa direkt unter die Nase, der liegt nämlich immer noch im Bett und schläft.

Erst rührt er sich nicht, aber als wir gerade schon denken, dass er gar nicht mehr aufwacht, sperrt er plötzlich ganz weit den Mund

auf. Und dann stecke ich schnell die Frikadelle hinein, und obwohl Papas Augen immer noch zu sind, kaut er und schmatzt und sagt: »Oh, wie lecker! Ob ich ab jetzt wohl jeden Morgen eine Frikadelle ans Bett bekommen könnte?«

Und da antwortet Mama, dass das überhaupt kein Problem ist. Sie steht ab sofort gerne jeden Morgen um fünf auf und macht Frikadellen für alle. Aber ich glaube, das sagt sie nur so.

Und dann sitzen wir endlich im Auto und fahren los zum Zoo. Juchhu! Am meisten freue ich mich auf die Affen. Es ist so niedlich, wenn die Affenkinder sich am Rücken von ihren Mamas festhalten und die dann zusammen durch die Bäume klettern und springen. Und Zwergnilpferde sind natürlich auch süß.

»Also ich will nur zu den Giraffen«, verkündet Flo plötzlich.

»Nur zu den Giraffen?«, fragt Mama. »Aber das ist doch ein bisschen schade. Da sind auch so viele andere tolle Tiere, die wir uns angucken können.«

»Nö«, antwortet Flo. »Ich gehe nur zu den Giraffen. Und sonst nirgends hin.« Also wenn Flo sich etwas in den Kopf gesetzt hat, dann ist das auch so.

»Aber ich will *alle* Tiere sehen!«, rufe ich deshalb schnell. »Mama, wir gucken uns doch alle Tiere an, ja?«

Mama antwortet nicht. Stattdessen dreht sie sich zu mir um und zwinkert mit einem Auge und nickt, aber so, dass Flo es nicht sehen kann. Und da weiß ich, dass wir nicht nur zu den Giraffen gehen.

Hinter dem Eingang vom Zoo stehen viele Schilder mit Pfeilen und Tieren drauf. Daran kann man sehen, in welche Richtung man gehen muss.

»Also ich will als Erstes zu den Affen«, rufe ich schnell.

»Nee, wir gehen zu den Giraffen«, brüllt Flo. »Das haben wir abgemacht!«

»Haben wir gar nicht«, schreie ich und werde richtig wütend.

Flo ist wirklich doof. Ohne Schwester wäre alles viel schöner.

Aber da sagt Papa, dass jetzt sofort Schluss ist, sonst fahren wir direkt wieder nach Hause. Und dann sagt Mama, dass sie am liebsten zu den Elefanten will. Das finde ich auch gut. Und da gehen wir dann hin.

Flo läuft ein Stück hinter uns und tritt gegen alle Steine. Dabei flüstert sie irgendetwas in Raffis Ohr und klingt echt wütend. Aber Mama und Papa und ich, wir drehen uns nicht nach Flo und Raffi um, sondern

gehen einfach weiter. Und dann kommen wir bei den Elefanten an – stellt euch vor, die werden gerade gefüttert!

»Flo!«, ruft Mama. »Komm mal schnell her! Guck mal, wie die Elefanten fressen!«

Aber Flo antwortet nicht. Und als Mama sich nach ihr umdreht, da ist Flo verschwunden. Mama kriegt einen Riesenschreck, das kann ich sehen.

»Thomas!«, sagt sie zu Papa. »Flo ist weg!«

Und dann fangen wir an zu suchen. Wir rufen ganz laut immer wieder Flos Namen, und Mama rennt zurück zum Eingang, um zu sehen, ob sie vielleicht irgendwo sitzt – aber sie ist einfach weg. Ich kriege langsam richtig Angst.

»Was machen wir denn, wenn wir Flo nicht finden?«, frage ich Papa. »Muss sie dann ganz alleine im Zoo schlafen? Draußen?«

»Mimi, jetzt hör mal auf«, antwortet Papa. »Ich verspreche dir, dass wir Flo finden. Und natürlich muss sie nicht hier schlafen!« Aber ich kann an seiner Stimme hören, dass er auch aufgeregt ist.

»Wenn wir Flo in fünf Minuten nicht gefunden haben, dann rufe ich die Zooleitung an. Oder gleich die Polizei. Vielleicht können die sie suchen!«, sagt Mama.

»Julia, jetzt beruhige dich doch erst einmal«, murmelt Papa.

Ui, jetzt wird Mama sauer.

»Ich soll mich beruhigen?«, fragt sie ziemlich laut. »Falls es dir noch nicht aufgefallen ist: Unser Kind ist weg. Und ich will es jetzt wiederfinden, und zwar sofort.«

»Aber es geht doch nicht schneller, wenn du hier rumschreist«, antwortet Papa und klingt jetzt auch ziemlich wütend.

Und genau in dem Moment habe ich eine Idee. »Ich glaube, ich weiß, wo Flo ist!«, rufe ich ganz laut dazwischen.

Mama und Papa sind sofort still und gucken mich an.

»Bei den Giraffen! Sie ist bestimmt mit Raffi zum Giraffenhaus gegangen!«, sage ich und hüpfe dabei von einem Bein auf das andere, weil ich am liebsten sofort nachschauen will.

»Natürlich!«, ruft Papa und schlägt sich mit

der Hand an die Stirn. »Wie doof kann man denn sein! Dass uns das nicht gleich eingefallen ist! Kommt schnell!«

Und dann rasen Mama und Papa und ich zum Giraffenhaus. Die Tür ist aus Glas und geht schwer auf. Drinnen riecht es ganz komisch, ein bisschen so wie alte Socken. Und es ist so still.

Aber dann höre ich plötzlich, dass hinten in einer Ecke irgendjemand leise schluchzt und danach laut die Nase hochzieht.

»Das ist Flo!«, rufe ich und flitze los.

Mama und Papa sind fast genauso schnell wie ich, und dann sehen wir sie: In der Ecke auf einer Bank sitzt Flo, ganz alleine. Und sie hat rote Augen und ihr Gesicht ist nass und dreckig und gerade wischt sie sich mit dem Ärmel ihre Schnoddernase ab.

»Florentinchen, was machst du denn bloß für Sachen?«, ruft Mama und drückt sie richtig fest an sich.

Papa und ich wollen beide gleichzeitig auch ein Stück von Flo umarmen.

Und das ist ein ziemliches Durcheinander und

Kuddelmuddel, und da verlieren wir alle zusammen das Gleichgewicht und fallen von der Bank. Aber keiner tut sich weh. Stattdessen müssen wir ziemlich lachen.

»Mensch, Flo, da hast du uns aber einen Schrecken eingejagt«, sagt Papa. »Was machst du denn hier so ganz alleine?«

Dann erzählt Flo. Dass gar nicht sie alleine

zu den Giraffen gehen wollte, sondern Raffi. Weil er nämlich wissen wollte, ob die auch noch andere Geräusche machen können als *Miau*.

»Und jetzt sitzt er da die ganze Zeit vorne an der Scheibe und guckt, aber die Giraffen unterhalten sich überhaupt nicht mit ihm«, schluchzt Flo. »Die sind die ganze Zeit still! Vielleicht ist Raffi ihnen einfach zu klein!«

Da geht Papa zu Raffi und hebt ihn hoch und hält ihn sich ans Ohr.

»Seid mal bitte leise!«, ruft er uns zu, »sonst kann ich doch gar nicht hören, was Raffi mir sagen will.«

Er nickt und nickt und lacht und sagt immer wieder »Ach so!« und »Nicht zu glauben!« und »Also das wusste ich nicht!«.

Flo und ich gucken Papa und Raffi an und versuchen, auch was zu verstehen.

»Papa, jetzt erzähl uns mal, was Raffi sagt«, ruft Flo irgendwann, weil sie es nicht mehr aushält.

Da nimmt Papa Raffi von seinem Ohr und antwortet: »Also, das werdet ihr nicht glauben. Raffi behauptet, dass die Giraffen hier eine Geheimsprache sprechen, die nur sie selbst hören und verstehen können. Und er natürlich, weil er ja auch eine Giraffe ist. Und dass wir das aber nicht hören können, weil wir ja Menschen sind!«

»Und was haben die großen Giraffen zu ihm gesagt?«, frage ich schnell.

»Dass sie es hier schön finden«, antwortet Papa. »Und sie wollten wissen, wo er denn eigentlich wohnt.«

»Haben die vielleicht auch miaut?«, fragt Flo neugierig.

»Warte«, antwortet Papa, »ich erkundige mich mal.« Dann hält er sich Raffi wieder ganz nah ans Ohr und nickt.

»Miaut haben sie nicht«, sagt Papa dann. »Aber Raffi behauptet, das macht er sowieso auch nur, damit er sich mit Kater Kalle unterhalten kann.«

»Da kannst du mal sehen, wie schlau Raffi ist«, sagt Flo und nickt zufrieden. »Der kann sogar andere Sprachen sprechen!«

Dann fragt Papa, ob außer ihm jetzt eigentlich noch jemand Hunger hat. Und das haben wir natürlich, und deshalb breiten wir mitten im Giraffenhaus unser Picknick aus und essen.

»Übrigens«, sagt Mama zu Papa und lächelt ihn an. »Ich bin sehr gerne mit dir verheiratet, du alter Giraffenversteher.«

»Ich mit dir auch«, grinst Papa und nimmt Mamas Hand. »Manchmal auf jeden Fall. Also eigentlich meistens.«

Da stupst Mama Papa an und gibt ihm einen Kuss auf die Nase.

Und ich, ich beiße gleichzeitig in eine Frikadelle und in meinen Pfannkuchen, und Flo macht es mir nach und schmatzt und sagt: »Das ist aber sehr, sehr lecker.« Und dann müssen wir lachen.

Und sind ganz froh.

Wie Flo einmal ein echter Affe war

Heute ist Montag. Eigentlich habe ich da Turnen in der Schule, aber heute nicht. Es ist nämlich Rosenmontag, und deshalb müssen wir nichts lernen, sondern wir feiern Fasching. Alle Kinder kommen verkleidet zur Schule und die Lehrer auch und dann essen wir Törtchen und spielen Spiele und tanzen zusammen durch die ganze Schule. Das ist lustig. Ich gehe als Prinzessin.

»Immer Prinzessin, warum verkleidest du

dich denn eigentlich nicht mal als etwas anderes?«, will Papa von mir wissen. »Vielleicht als Schlosserin?«

Erst denke ich, das ist so etwas Ähnliches wie Prinzessin, weil das ja so klingt wie *Schloss*. Aber Papa sagt, Schlosserinnen reparieren Sachen, und ich finde, das ist kein so gutes Kostüm.

Flo feiert im Kindergarten nicht Fasching, also auf jeden Fall nicht so richtig. Helga und Christiane sagen, dass sie stattdessen eine Verkleidungskiste aufstellen und jedes Kind darf sich dann lustig anziehen. Helga und Christiane heißen die Erzieherinnen von Flo, und die sind schon uralt.

Flo findet es *scheißblöd*, dass sie kein richtiges eigenes Kostüm kriegt. Das hat sie mir heimlich ins Ohr geflüstert, weil Mama nicht möchte, dass wir *Scheiße* sagen, außer im Notfall. Aber das habe ich euch ja schon erzählt.

»Das ist so gemein!«, schreit Flo, als ich mein rosafarbenes Glitzerkleid anziehe und meine Krone aufsetze.

»Aber du darfst dich doch im Kindergarten verkleiden«, sagt Mama. »Und bald gehst du

in die Schule und dann bekommst du auch ein richtig tolles Kostüm.«

»Aber im Kindergarten gibt es nur blöde Verkleidungssachen«, brüllt Flo. »Ich will als Affe gehen. Und das haben sie überhaupt nicht!« Flo findet eigentlich Giraffen am besten, aber seit wir im Zoo waren, gefallen ihr auch Affen.

»Flo, jetzt ist Schluss«, zischt Papa. »Du gehst heute nicht als Affe in den Kindergarten. Wir müssen los. Und zwar SOFORT, sonst komme ich zu spät ins Büro.«

»Ich geh wohl als Affe«, schreit Flo. »Weil ich nämlich ein echter Affe bin!«

Papa holt tief Luft und klappt den Mund auf. Aber da legt Mama ihm die Hand auf den Arm und er klappt den Mund einfach wieder zu und schnaubt nur.

»Flo«, sagt Mama. »Jetzt komm mal zu mir. Wir ziehen dir die Jacke an und die Schuhe. Ihr müsst jetzt wirklich gehen. Papa kriegt sonst Ärger mit seinem Chef. Und was soll er denn dann sagen? Vielleicht: Ich konnte nicht früher kommen, weil bei mir zu Hause seit heute ein echter Affe wohnt?«

Flo verschränkt die Arme vor der Brust und guckt Mama an, und ich kann sehen, dass sie sich etwas ausdenkt.

Plötzlich reißt sie den Mund weit auf und schreit dabei: »Hu-ha, hu-ha, hu-ha.«

Ich erschrecke mich richtig, weil das so laut ist und wirklich wie ein echtes Affengeräusch klingt. Und dann rast Flo los und hopst auf das Sofa. Mama rennt hinterher und versucht, sie zu schnappen, aber Flo ist viel schneller und springt vom Sofa auf den Tisch.

Und dann krabbelt sie auf allen vieren ans andere Ende und hopst wieder runter, aber dabei guckt sie nicht richtig und landet direkt vor Papas Füßen.

»Hab ich dich!«, sagt er und klemmt sich die strampelnde Flo einfach unter den Arm und trägt sie zur Haustür.

Dort schnappt er sich noch ihre Jacke vom Haken und ihre Schuhe aus dem Regal und ruft: »Los geht's, Mimi, wir fahren!«

Ich gebe Mama schnell einen Kuss. Flo winkt Mama. Dabei schlenkert sie ganz wild mit den Armen und macht die ganze Zeit: »Huuuu-ha, huuuu-ha, huuuuu-ha!«, mit so einem ganz langen *Huuuu* vorne. »Das ist echte Affensprache, Mama!«, ruft Flo. »Hast du das verstanden?«

Mama schüttelt den Kopf.

Als ich nach der Schule nach Hause komme, kocht Mama gerade.

»Mimi, gleich ist das Essen fertig«, sagt sie. »Kannst du bitte mal Flo holen? Die ist im Kinderzimmer.«

Aber als ich nachschaue, kann ich Flo nirgends entdecken.

»Mama, Flo ist hier nicht!«, rufe ich.

»Doch«, antwortet Mama. »Sie ist vorhin ins Kinderzimmer gerannt und seither nicht mehr rausgekommen. Also muss sie dort irgendwo sein.«

Und genau in dem Moment höre ich plötzlich »Hu-ha, hu-ha, hu-ha«.

Und zwar von oben. Ich gucke hoch und da sitzt Flo. Auf unserem Spielzeugschrank. Und sie hat Papas Fellmütze auf dem Kopf.

Sie schiebt das Kinn nach vorne, legt den Kopf schief und fragt: »Willst du vielleicht die Affenpflegerin sein, Mimi?«

Aber da sage ich, dass ich nicht die Affenpflegerin sein will, sondern die Affenbesitzerin. Weil, ich bin ja eine Prinzessin, und die hatten früher oft echte Affen zum Spielen. Und Papageien. Das findet Flo auch gut, und deshalb hole ich eine Schnur aus dem Schrank, das ist die Affenleine. Und als Flo vom Schrank klettert, binde ich sie ihr um den Bauch.

»Mein Vorname ist Affe und mein Nachname Rosalie«, sagt Flo. »Also Affe Rosalie.«

»Und ich heiße Prinzessin Salome Delfina Soraya«, antworte ich. Das sind nämlich meine Lieblingsnamen.

Dann ziehe ich mit einem kleinen Ruck an der Leine und sage: »Hü!«

»Mensch, Mimi«, protestiert Flo, »ich bin doch kein Einhorn. Ich bin ein Affe! Da heißt das *Caramba* und nicht *Hü*.«

Also sage ich schnell »Caramba« und wir galoppieren in die Küche.

Als Papa am Nachmittag von der Arbeit kommt, ist Flo natürlich immer noch Affe Rosalie. Und sie hat auch noch immer die Fellmütze auf dem Kopf.

»Willkommen im Zoo«, sagt Mama und zieht sich dabei schon ihre Jacke an. »Schön, dass du da bist. Ich muss gleich los in die Gärtnerei.« Dabei kneift sie Papa ein bisschen in die Wange.

»Viel Spaß!«, ruft sie dann. »Ich komme heute Abend erst nach Hause, wenn ihr schon im Bett seid!«

»Hallo Affe, hallo Prinzessin«, sagt Papa. »Ich geh mal schnell duschen. Zieht euch die Jacken und die Stiefel an und spielt doch solange ein bisschen im Garten.«

Und das machen wir dann auch. Ich habe Flo noch immer an der Leine und wir gehen erst einmal spazieren.

»Übrigens bist du ein Zirkusaffe«, sage ich. »Du musst auch Kunststücke üben, wenn ich das sage.«

»Und manchmal übe ich auch einfach so Kunststücke, wenn du nichts sagst«, antwortet Flo und hopst ein bisschen.

Danach geht sie in die Hocke und macht einen Purzelbaum vorwärts.

»Und jetzt Handstand!«, rufe ich, aber Flo hört mir überhaupt nicht zu. Stattdessen macht sie noch einen Purzelbaum und noch einen und noch einen.

Das finde ich wirklich richtig blöd.

»Mensch, Flo«, zische ich. »Ich bin die Affenbesitzerin, und du musst tun, was ich sage!«

»Nein!«, schreit Flo und dann rennt sie einfach weg, und weil ich nicht gleich die Leine loslasse, reißt sie mir dabei die Schnur aus der Hand und meine Haut ratscht auf, und das tut richtig weh.

»Flo, du bist echt richtig scheißdoofblöd!«, kreische ich so laut ich kann. »Ich spiel nicht mehr mit dir!!!«

Aber Flo rast einfach weiter und stoppt erst, als sie bei unserem Kletterbaum ankommt.

Sie steigt auf den ersten Ast und singt dabei: »Ich bin ein Affe und kann gut klettern und Mimi nicht!«

»Ich kann viel besser klettern als du, du Blöde!«, brülle ich sie an und renne auch zum Kletterbaum.

Inzwischen ist Flo schon auf dem dritten Ast. Ich versuche trotzdem, sie am Fuß zu packen, aber das klappt nicht. Deshalb klettere ich hinter ihr her.

»Du kriegst mich nicht, du kriegst mich nicht«, singt Flo und steigt dabei immer weiter nach oben. Sie ist jetzt schon auf dem achten Ast und ich auf dem sechsten.

Als ich nach unten gucke, wird mir ein bisschen unheimlich, weil eigentlich klettern wir immer nur bis zum fünften. Ich halte mich mit beiden Händen ganz fest und überlege, ob ich mich noch weiter trauen soll.

Da höre ich Flo plötzlich schreien. Aber es ist nicht so ein Affenschrei, sondern ein richtiger. Ich gucke nach oben und sehe, wie sie sich festklammert. Und direkt unter ihr hängt die Affenleine fest.

»Mimi«, kreischt Flo ganz schrill. »Ich hab mich verheddert!«

Und dabei lässt sie eine Hand los und versucht, die Schnur vom Ast abzumachen. Aber sie schafft es nicht.

»Ich helfe dir!«, rufe ich laut. Dann nehme ich meinen ganzen Mut zusammen und klettere weiter nach oben. Dabei halte ich die Luft an und taste mit meinen Füßen, ob die Äste dick genug sind und nicht brechen.

Endlich komme ich bei Flo an. Aber die Affenleine ist richtig fest verknotet. Mit einer Hand kriege ich sie bestimmt nicht auf, und ich kann ja nicht beide Hände nehmen, sonst stürze ich nämlich ab.

»Flo«, sage ich und streichle ihren Fuß, »ich klettere runter und hol Papa.«

Flo nickt und guckt dabei ziemlich ängstlich.

»Du musst aber bitte ganz schnell machen«, antwortet sie und schnieft.

Ich steige nach unten, renne ins Haus und reiße die Badezimmertür auf. Papa steht immer noch unter der Dusche, das ganze Badezimmer ist voll mit Dampf.

»Papa, HILFE!!!«, brülle ich so laut ich kann in den Nebel. »DU MUSST KOMMEN!!! FLO FÄLLT GLEICH VOM BAUM!!!!«

»WAS???«, schreit Papa und macht das Wasser aus. Er guckt mich an und springt sofort aus der Dusche. Und dann rast er so schnell los wie noch nie und ich flitze natürlich hinter ihm her.

Als ich ankomme, klettert Papa schon nach oben. »Halt dich gut fest, Flo«, ruft er dabei die ganze Zeit. Und: »Nicht loslassen, auf keinen Fall loslassen!«

Flo sieht jetzt gar nicht mehr ängstlich aus. Sie sitzt ganz vergnügt oben im Baum und wippt ein bisschen auf ihrem Ast und ruft: »Du bist ja ganz nackig, Papa! Warum bist du denn ganz nackig?

Das ist doch viel zu kalt!« Und dabei lacht sie laut und fröhlich.

Aber Papa antwortet nicht, sondern klettert einfach weiter.

Und dann kommt er endlich bei Flo an. Er entwirrt die Affenleine und nimmt Flo auf den Arm. Dann steigt er mit ihr zusammen ganz langsam und vorsichtig wieder nach unten. Flo schmiegt sich an ihn und hält sich dabei an seinem Hals fest.

»Mensch, Flo«, sagt Papa, als die beiden endlich bei mir ankommen. »Das machst du bitte nie wieder. Ich habe wirklich einen Riesenschreck gekriegt.«

Flo legt den Kopf schief. »Nee«, sagt sie. »Das mach ich nicht wieder. Ich bin ja auch überhaupt kein Affe mehr.«

»Na, dann ist es ja gut«, antwortet Papa

und hüpft vor Kälte von einem Bein auf das andere. »Also kann ich jetzt in Ruhe reingehen und mir schnell was Warmes anziehen.«

Flo nickt. Und ich nicke auch. Und dann müssen Flo und ich lachen.

Und wir sind beide ganz froh.

Wie Flo einmal etwas Verbotenes in unser Kartoffelbeet gepflanzt hat

Obwohl Fasching schon vorbei ist, ziehe ich trotzdem ganz oft mein Prinzessinnenkostüm an, weil es so schön ist. Also nur nachmittags natürlich, weil in die Schule dürfen wir nur am Rosenmontag verkleidet kommen, aber das habe ich ja schon erzählt.

Flo hat kein echtes Kostüm. Deshalb will sie sich jetzt immer meins ausleihen.

»Kriege ich heute dein Prinzessinnenkleid?«,

fragt Flo, als wir zusammen am Küchentisch sitzen und malen.

»Nee«, antworte ich.

»Wenn du Ja sagst, darfst du dir auch mein echtes Handy ausleihen!«, sagt Flo und legt dabei den Kopf schief.

»Flo, du spinnst«, antworte ich. »Du hast überhaupt kein echtes Handy.«

»Aber ich kriege bald eins«, ruft sie und klingt dabei ganz stolz. »Zum Geburtstag. Ätschi. Und du nicht! Das habe ich nämlich mit Papa besprochen!«

Eigentlich kann ich das nicht glauben. Schließlich sagen Mama und Papa immer, dass ich kein echtes Handy kriege, weil ich dafür zu klein bin. Und Flo geht ja sogar noch in den Kindergarten!

Ich springe auf und renne zu Papa. Der

sitzt zusammen mit Mama auf dem Sofa und beide lesen Zeitung.

»Papa!«, rufe ich. »Flo sagt, dass sie ein echtes Handy zum Geburtstag kriegt.«

»Hmmm«, murmelt Papa und liest einfach weiter.

»Flo sagt, dass sie das mit dir besprochen hat!«, versuche ich es noch einmal.

»Aha«, antwortet Papa, aber er hört mir gar nicht richtig zu.

Doch Mama lässt die Zeitung sinken und schaut mich an.

»Was ist denn das schon wieder für ein Quatsch?«, fragt sie und ihre Stirn ist ganz faltig. »Flo kriegt natürlich KEIN echtes Handy zum Geburtstag.«

»Aber Papa hat es versprochen!!«, schreit Flo. Und dann noch ein bisschen lauter: »Das stimmt doch, Papa!«

Flo guckt Papa an, ich gucke Papa an und Mama guckt Papa auch an. Papa seufzt laut und faltet die Zeitung zusammen. Also nicht nur einmal in der Mitte, sondern er faltet sie immer kleiner. Dabei denkt er nach, das kann ich sehen. Als sie fast so winzig ist wie eine Brötchentüte, seufzt er noch einmal. Und dann sagt er: »Flo. Ich habe dir nicht versprochen, dass du ein Handy zum Geburtstag kriegst. Ich habe gesagt, dass du dir ein Handy wünschen kannst. Das ist etwas anderes. Man kriegt ja nicht alles, was man sich wünscht.«

Flo guckt von Mama zu Papa und wieder von Papa zu Mama, und dann dreht sie sich um, rennt in unser Zimmer und knallt die Tür hinter sich zu. Ich laufe hinterher und schaue vorsichtig um die Ecke. Flo liegt im Bett. Den Kopf hat sie im Kissen vergraben, und ihr ganzer Rücken zuckt, weil sie nämlich richtig doll weint.

»Flo, du darfst dir heute mein Prinzessinnenkostüm ausleihen«, sage ich schnell.

Dabei setze ich mich neben sie auf das Bett und streichele ihr über den Rücken. Da zuckt er schon ein bisschen weniger.

»Und morgen auch noch«, sage ich. Jetzt wird der Rücken ganz still und Flo hebt den Kopf und guckt mich an.

»In echt?«, fragt sie und zieht dabei laut die Nase hoch.

»Ja klar in echt«, antworte ich. »Aber übermorgen musst du es mir zurückgeben.«

Da setzt Flo sich auf, schlingt ihre Arme um meinen Bauch und gibt mir einen richtigen Knallkuss auf die Wange. Dann springt sie auf, stülpt sich mein Prinzessinnenkleid über den Kopf und rennt in den Garten.

Draußen fährt Mats gerade mit dem Traktor vom Hof. Mats ist übrigens unser Cousin, er wohnt im Haus neben uns und ist beinahe schon erwachsen.

»Stopp!«, brüllt Flo und winkt dabei mit den Armen. »Nimm uns mit!«

Traktorfahren mögen wir nämlich am allerliebsten. Das finden Flo und ich noch toller als Kater Kalle und mir gefällt es sogar besser als Turnen in der Schule.

»Ich muss Mais säen«, schreit Mats, als wir

neben ihm sitzen. Der Motor ist wirklich ganz schön laut.

»Kann man eigentlich auch andere Sachen einpflanzen?«, brüllt Flo in sein Ohr.

»Klar«, antwortet Mats und dabei lenkt er mit Schwung den Traktor auf den Acker. »Eigentlich fast alles!«

Also wenn es um Kühe und Felder und solche Sachen geht, kennt er sich wirklich

richtig gut aus. Und dann fahren wir hin und her und hin und her, so lange, bis Mama uns zum Essen ruft.

Danach machen Mama und Papa immer Mittagsschlaf und eigentlich spielen Flo und ich dann zusammen. Aber heute hat Flo keine Lust dazu.

Stattdessen guckt sie ganz geheimnisvoll und sagt: »Ich muss nämlich eine Geheimsache machen.«

»Was denn für eine Geheimsache?«, frage ich und kratze mich am Kopf.

»Das verrate ich nur, wenn du es keinem sagst«, flüstert Flo. »Auf der ganzen Welt.«

Da verspreche ich natürlich, dass ich es niemals auch nur einem einzigen kleinen

Menschen erzähle und noch nicht einmal einer winzigen Maus.

»Komm mit«, wispert Flo und zieht mich schnell am Arm hinter sich her. Sie hält erst an, als wir vor unserem Kartoffelbeet hinten im Garten stehen, und greift in ihre Kleidertasche. Und jetzt ratet mal, was sie herauszieht?? Papas Handy.

»Flo«, flüstere ich vor lauter Schreck. »Das dürfen wir nicht nehmen. Das ist Papas echtes Handy!«

»Ich weiß«, sagt Flo. »Aber ich leihe es ja auch nur aus. Weil Mats hat doch gesagt, dass man alles einpflanzen kann. Und ich pflanze jetzt Papas Handy ins Beet und dann wächst da natürlich noch ein Handy. Und das nehme dann ich.«

Ich zeige Flo einen Vogel. »Bei dir piept's

wohl!«, rufe ich. »Ein Handy ist doch keine Kartoffel! Das funktioniert nie im Leben!«

»Tut es doch«, sagt Flo und klingt ein bisschen beleidigt.

Und dann dreht sie sich einfach um und buddelt ein Loch und steckt Papas Handy hinein und obendrauf legt sie Erde und klopft sie ein bisschen fest.

»So«, sagt sie zufrieden und wischt sich die Hände an ihrem Kleid ab. »Und jetzt können wir Einhorn spielen.«

Als Mama und Papa aufstehen, sind sie richtig gut gelaunt.

»Flo, mein Mädchen«, sagt Papa. »Komm mal her. Bist du noch sauer auf mich?«

»Nö«, sagt Flo. »Ich mach mir jetzt selber ein Handy. Ein echtes.«

»Na, da bin ich aber froh«, antwortet Papa und hebt Flo ganz hoch in die Luft und dreht sich dabei im Kreis, sodass sie richtig herumgeschleudert wird. Als er sie absetzt, ist er ganz außer Atem.

»Hat jemand von euch mein Handy gesehen?«, schnauft er.

»Nö«, antwortet Flo.

Ich sage auch »Nö«, aber ich merke, dass mein Kopf dabei ganz heiß wird.

»Ruf es doch mal an«, schlägt Mama vor und reicht ihm ihr Handy. Flo guckt dabei in die Luft. Dann setzt sie sich auf den Boden und nimmt ein Spielzeugauto in die Hand.

»Seid mal ruhig«, ruft Papa. »Sonst kann ich gar nicht hören, wo es klingelt!«

Wir sind mucksmäuschenstill, nur Flos Auto quietscht, weil sie es jetzt ziemlich schnell hin- und herschiebt. Trotzdem kann man das Handyklingeln hören. Ganz leise. Mama und Papa starren sich an.

»Das gibt es doch nicht«, murmelt Papa und dann rast er durch die Terrassentür zum Kartoffelbeet. Dort bleibt er stocksteif stehen und brüllt: »Julia! Ruf noch mal an, das Klingeln hat aufgehört!!«

Als es wieder läutet, macht Papa riesige Augen und fängt an, wie ein Verrückter in der Erde zu buddeln, sodass sie richtig durch die Luft fliegt.

Und plötzlich reckt er eine Hand nach oben und in der hält er das Handy.

»Au Backe«, sage ich.

»Mimi und Florentine!«, brüllt Papa. »Ich will jetzt SOFORT wissen, wie mein Handy ins Kartoffelbeet gekommen ist!!«

Ich antworte nicht. Und Flo auch nicht.

»Florentine!«, schreit Papa. »Guck mich gefälligst an, wenn ich mit dir rede.«

Da hebt Flo den Kopf und murmelt: »Mats hat gesagt, man kann Handys einpflanzen. Und dann wachsen neue.«

»Ihr habt mein Handy im Kartoffelbeet EINGEPFLANZT???«, fragt Papa und klingt dabei ganz und gar fassungslos. »Damit ein neues wächst????«

»Ich hab gleich gesagt, dass das nicht funktioniert!«, antworte ich schnell. »Und ich hab auch gesagt, dass Flo das Handy nicht nehmen darf!«

»Mimi, du sollst nicht petzen«, mischt sich Mama ein.

Dabei kann ich hören, dass sie nicht sehr wütend ist. Sie klingt sogar eher so, als müsste sie lachen.

Flo springt vom Fußboden auf, läuft zu Mama und schlingt ihre Arme um Mamas Beine.

Mama guckt Papa an. »Ich finde, es hätte viel schlechter laufen können für dich«, sagt sie dann mit ganz ernster Stimme. »Stell dir vor, die beiden hätten dein Handy auch noch gegossen!«

Und plötzlich fängt sie an zu kichern. Und dann lacht Mama so laut, dass sie gar nicht mehr gerade stehen kann und sich den

Bauch festhält. Und Flo und ich müssen auch richtig doll lachen.

»Na, ihr habt Spaß, das ist die Hauptsache«, grummelt Papa. Aber eigentlich sieht er nicht mehr so sauer aus.

Und ich bin ganz froh.

Wie Papa Flo einmal ein echtes Supergeheimnis geschenkt hat

Jetzt ist es Frühling und Flo hat bald Geburtstag und wird sechs Jahre alt. Eigentlich wollte sie ein echtes Handy haben, aber das kriegt sie nicht. Das habe ich euch ja schon erzählt. Also auf jeden Fall wünscht sie sich jetzt stattdessen einen echten Fotoapparat und einen echten Computer und ein echtes Supergeheimnis.

»Aber was ist denn ein *echtes Supergeheimnis*?, fragt Papa, als er ihren Wunschzettel sieht. Den hat sie mir diktiert, weil selber kann Flo ja noch gar nicht schreiben.

»Manno, Papa«, antwortet Flo und legt dabei den Kopf schief. »Das verrate ich natürlich niemandem! Sonst ist es ja auch nicht mehr geheim!«

»Flo meint damit ein richtig gutes Überraschungsgeschenk«, sage ich schnell. »Zum Beispiel ein lebendes Pony! Oder ein lebendes Pferd!«

»Ein lebendes PONY???«, fragt Papa. »Also das wird nichts, das sag ich euch gleich.«

Mama guckt zu ihm hinüber. Sie nickt, aber nicht nur einmal, sondern öfter hintereinander, sodass ihr ganzer Kopf wackelt.

»Ein echtes Supergeheimnis also«, brummt Papa, und ich kann sehen, dass er nachdenkt. Plötzlich fängt er an zu grinsen. »Ich glaube, ich habe eine Idee«, sagt er dann. »Aber die ist so geheim, die darf noch nicht mal Mama wissen!«

Flo und ich wollen jetzt am liebsten doch sofort rauskriegen, was für eine geheime Idee das ist, aber da antwortet Papa, dass das natürlich nicht geht.

»Eine Geburtstagsüberraschung kommt erst am Geburtstag«, murmelt er und guckt dabei sehr geheimnisvoll.

Und deshalb müssen Flo und ich jetzt leider noch sieben Mal schlafen, bis wir sie endlich sehen dürfen.

Wenn Flo Geburtstag hat, dann stehen Mama und Papa und ich immer ganz früh auf und bereiten alles vor. Und Flo muss im Bett bleiben, auch wenn sie schon wach ist.

Mama legt die ganzen Geschenke auf den Geburtstagstisch und stellt einen Marmorkuchen in die Mitte, auf dem sind diesmal sechs Kerzen.

Papa deckt den Frühstückstisch, und ich renne in den Garten und pflücke Blumen, weil um Flos Teller muss natürlich ein Blumenkranz gelegt werden. Ich nehme nur rosafarbene, weil das ist Flos Lieblingsfarbe.

Und Schwarz. Aber schwarze Blumen gibt es ja gar nicht.

Und dann singen wir ganz laut *Zum Geburtstag viel Glück*, und als sie das hört, kommt Flo die Treppe herunter.

»Mein großes Mädchen«, ruft Mama und gibt Flo einen dicken Kuss auf die Haare. »Jetzt bist du schon sechs Jahre alt! Alles Gute zum Geburtstag!«

Und dann küsst Papa Flo, und ich küsse Flo aber nicht, ich sage nur »Herzlichen Glückwunsch«.

Flo pustet die sechs Kerzen auf ihrem Kuchen aus und packt danach ihre Geschenke aus. Sie bekommt: Einen Schulranzen in Rosa mit Glitzer drauf und an der Seite hängt ein kleiner Affe aus Stoff. Außerdem ein Federmäppchen mit Buntstiften und Bleistift und Pferderadiergummi.

Und dann auch noch Bügelperlen und eine Schmetterlingshaarspange und eine ganze Schüssel mit Gummitieren, die man essen kann.

Flo stopft sich sofort fünf Tiere auf einmal in den Mund und schmatzt laut: »Aber foif-bemmbasBupergeheimnis?«, und dabei läuft ihr Spucke übers Kinn und sie muss lachen.

»Also ich hab kein Wort verstanden«, sagt Mama. »Du, Thomas?«

Papa schüttelt den Kopf. Flo reckt das Kinn nach vorne und würgt alle Gummitiere auf einmal herunter, und beinahe bleiben sie ihr sogar im Hals stecken, doch zum Glück nur fast.

»Aber wo ist denn das Supergeheimnis?«, fragt Flo dann.

Papa schlägt sich mit der Hand an die Stirn.

»Also so was!«, ruft er. »Da hab ich hier doch glatt noch ein Geschenk!« Und dabei zieht er hinter seinem Rücken ein Päckchen hervor. Das ist winzig klein und ganz flach. Das ist auf keinen Fall ein lebendes Pony, so viel ist schon mal klar. Das ist überhaupt nichts Lebendiges.

»Das sieht aber nicht so besonders toll aus, Papa«, sage ich.

»Mensch Mimi, jetzt warte doch erst mal ab«, antwortet Papa und drückt Flo das Päckchen in die Hand.

Flo macht die Schleife ab und reißt das Papier auf. Da hält sie ein kleines Stück Pappe in der Hand und auf der Pappe steht nur ein Wort. Nämlich: *Bestimmerkarte.*

»Häää?«, sagt Flo. »Was soll das denn bitteschön sein??«

»Das«, antwortet Papa und guckt wichtig, »ist eine Bestimmerkarte. Immer wenn du sie hochhebst, darfst du ganz alleine bestimmen. Sie funktioniert aber nur heute!«

Flo schaut Papa an, und ich kann sehen, dass sie ein bisschen enttäuscht ist. Ich glaube, dass sie irgendwie ein anderes Supergeheimnis haben wollte.

»Jetzt guck doch nicht so, Flo«, sagt Papa. »Probier sie einfach aus! Die ist super!! Ich zeig dir gleich mal, wie das geht!«

Und damit nimmt er ihr die Karte aus der Hand. Dann hebt er sie hoch und sagt: »Ich bestimme, dass heute keiner ekelhaftes Vollkornbrot frühstücken muss. Heute gibt es Marmorkuchen und Eis und saure Gurken!«

»Und jetzt darf niemand mehr Vollkornbrot essen?«, fragt Flo. »Auch Mama nicht??«

»Auch Mama nicht«, bekräftigt Papa und grinst Mama an.

»Na das ist mal wieder ein echtes Papa-Spezialgeschenk«, sagt Mama. »Das ist ja fast so toll wie der Aufsitzrasenmäher, den ich gekriegt habe.«

Da gibt Papa Mama einen Knallkuss und Flo die Karte zurück.

Flo überlegt, aber nur ganz kurz, und dann hebt sie die Pappe in die Luft.

»Ich bestimme«, ruft Flo, »dass heute niemand ekliges Vollkornbrot frühstücken muss. Heute gibt es Marmorkuchen und Eis und Zucker aus der Zuckerdose!«

»Zucker aus der Zuckerdose???«, fragt Papa. »Das klingt aber sehr ekelhaft.«

»Das ist überhaupt nicht ekelhaft«, ruft Flo. »Das ist lustig, weil der Zucker knirscht ganz doll im Mund! Probier doch mal!«

Und dabei hält sie Papa einen Löffel mit Zucker vor die Nase.

»Neee«, antwortet Papa. »Da wird mir schlecht«, und dabei guckt er so, als sollte er einen lebendigen Frosch essen. Aber plötzlich hellt sich sein Gesicht auf und er ruft ganz laut: »Joker!«

Und dann erklärt er, dass Flo mit der Karte zwar bestimmen kann, aber dass Mama und er *Joker* rufen dürfen, wenn sie irgendetwas gar nicht machen wollen. Und dann brauchen sie das auch nicht.

Deshalb essen Flo und ich den Zucker jetzt

einfach selber, immer abwechselnd jeder einen Löffel. Flo kriegt acht und ich kriege sieben und dann ist die Zuckerdose leer.

»Und jetzt bestimme ich«, sagt Flo, »dass wir alle zusammen das Krippenspiel aufführen! Du auch Papa!«

»Das Krippenspiel?«, fragt Papa. »Es ist doch überhaupt nicht Weihnachten!«

Aber da antwortet Flo, dass Geburtstag ja so etwas Ähnliches ist wie Weihnachten und dass man deshalb sehr wohl das Krippenspiel aufführen kann. Und das stimmt doch auch.

»Also«, sagt Flo. »Ich bin natürlich Maria. Und du kannst Josef sein, Mimi.«

Das finde ich eigentlich ein bisschen blöd, weil ich am liebsten auch Maria sein will. Aber Flo hat ja die Bestimmerkarte, deshalb sage ich nichts.

Sie legt den Finger an die Nase, und ich kann sehen, dass sie nachdenkt.

»Kater Kalle ist Jesus und muss in der Krippe liegen«, verkündet Flo dann, »und Knolle und Bolle sind die Schafe!«

»Joker«, ruft Mama. »Die Kaninchen bleiben draußen im Stall.«

»Mensch, Mama!«, schreit Flo, weil sie das wirklich richtig doof findet.

Aber da sagt Papa, dass Mama das darf, und weil er die Bestimmerkarte ja erfunden hat, kennt er sich auch am besten damit aus, wie sie genau funktioniert.

»Gut«, lenkt Flo ein. »Aber dann musst du das Schaf sein, Mama.«

»Also die Lösung finde ich super«, ruft Papa und zwinkert Mama zu.

Mama verdreht die Augen und seufzt. »Also gut«, antwortet sie dann. »Meinetwegen bin ich das Schaf.«

»Und du kannst entweder auch ein Schaf sein oder ein König, der die Geschenke bringt«, sagt Flo zu Papa.

»Na, dann bin ich lieber ein König«, antwortet Papa schnell.

Flo rennt los, macht die Kühlschranktür auf und holt zwei Möhren aus dem Gemüsefach.

»Flo«, ruft Mama und guckt dabei ganz streng. »Ich habe gesagt, die Kaninchen bleiben im Stall!«

»Ach, Mama«, antwortet Flo. »Die sind nicht für die Kaninchen. Die sind für den König. Die bringt er Jesus als Geschenk!«

Mama und Papa schauen Flo an, und ich kann sehen, dass sie nicht so richtig verstehen, was los ist.

»Die Könige bringen Gold, Möhre und Weihrauch«, erklärt Flo und klingt dabei ganz wichtig. »Gold haben wir nicht, und bei Weihrauch weiß ich nicht genau, was das ist. Also kann Papa doch einfach nur Möhren mitbringen!«

»Na klar«, sagt Papa und grinst ein bisschen. »Das geht natürlich.« Und damit nimmt er in jede Hand eine Möhre.

»Und jetzt«, erklärt Flo, »musst du zur Krippe laufen und sagen: ›Hallo, Jesus. Ich habe dir Möhren mitgebracht.‹«

Flo und ich stehen hinter der blauen Puppenbadewanne, das ist nämlich unsere Krippe, und dann kommt Papa.

Er bleibt stehen und hält Kater Kalle die Möhren direkt vor die Nase und murmelt: »Hallo, Jesus.«

Und dann sagt er nichts mehr, aber seine Mundwinkel zucken ganz doll. Er atmet tief ein und kneift die Lippen zusammen, sodass sie nicht mehr zucken können, und dann versucht er es noch einmal von vorne: »Hallo, Jesus. Ich habe –«

Und genau in dem Moment macht Mama plötzlich laut: »Määäh!«

Mit ganz tiefer Stimme, so wie ein richtiges Schaf. Und dann macht sie:

»Mähähähähähähihihihihi.« Und dann lacht sie und lacht und hört nicht mehr auf.

Papa versucht noch einmal, seinen Text aufzusagen, aber er kommt nur bis »Hallo, Jesus«, und dann lacht er auch und japst immer wieder »Hallo, Jesus, hahahahaha, hallo, Jesus«.

Das ist Kater Kalle anscheinend zu laut und vielleicht auch ein bisschen zu blöd, und deshalb versucht er, aus der Krippe zu springen. Ich halte ihn schnell fest und drücke ihn dabei fast gar nicht, aber trotzdem kratzt er mich, richtig mit Blut. Das tut weh und ich bin ganz schön sauer.

»Das ist doch wirklich die blödeste Katze, die man je gesehen hat«, brülle ich.

»Das ist gar keine Katze!«, schreit Flo und sie ist richtig wütend. »Das ist Jesus!«

Und plötzlich fängt sie an zu weinen.

»Ihr macht gar nicht richtig mit«, schluchzt sie. »Das ist überhaupt kein schöner Geburtstag. Und außerdem ist das auch ein richtig blödes Geschenk.«

Da hören Mama und Papa auf zu lachen und Papa nimmt Flo schnell in den Arm.

»Entschuldige, Häschen«, sagt Papa. »Tut mir leid. Du hast recht. Jetzt strengen Mama und ich uns richtig an. Und wir lachen auch nicht mehr. Versprochen.«

Und dann funktioniert endlich alles. Also fast alles. Nur Kater Kalle will nicht mehr mitspielen, aber stattdessen nehmen wir einfach eine Babypuppe. Und das passt eigentlich sowieso viel besser, weil Jesus ja auch ein Baby war.

Danach ist Flo zufrieden.

»So«, sagt sie dann. »Und jetzt führen wir ›Schneewittchen‹ auf. Ich bin Schneewittchen und Mimi ist der Prinz und Papa und Mama sind die sieben Zwerge.«

Aber da sagt Papa, dass er noch eine andere

Idee hat. Ob wir nicht lieber alle zusammen ins Schwimmbad gehen wollen? Und zu viert die Todesrutsche runterrutschen?? Und das findet Flo doch noch besser als »Schneewittchen« und ich auch. Und so machen wir es dann.

»Also«, sagt Flo, als wir abends nach Hause kommen, und hebt die Bestimmerkarte hoch. »Und jetzt bestimme ich, dass Mama und Papa ganz früh ins Bett gehen müssen und Mimi und ich fernsehen dürfen, solange wie wir wollen!«

»Willst du *Joker* sagen?«, fragt Papa und guckt Mama an.

»Nö«, antwortet Mama und grinst.

Und dann gehen die beiden einfach ins Bett und Flo und ich schauen fern und essen dazu Chips und Erdnussflips und Schokolade.

Wir gucken vier Filme nacheinander, aber dann sind wir auch ein bisschen müde.

»Jetzt bestimme ich«, sagt Flo und gähnt dabei ganz laut, »dass wir beide heute bei Mama und Papa im großen Bett schlafen.«

Wir kichern und holen unsere Bettdecken und Kissen und kuscheln uns zwischen Mama und Papa. Beide schnarchen ein bisschen, aber Flo und ich nicht. Wir flüstern noch miteinander.

»Weißt du was?«, sage ich zu Flo. »Wenn ich Geburtstag habe, dann wünsche ich mir auch eine Bestimmerkarte.«

»Also ich wünsche mir zu Weihnachten eine Bestimmerkarte, die für immer gilt, nicht nur für einen Tag«, antwortet Flo.

Dann dreht sie sich um und schmatzt leise und ist schnell eingeschlafen. Und ich denke mir aus, was ich mit meiner Bestimmerkarte alles bestimmen werde. Irgendwann schlafe ich auch ein.

Und bin ganz froh.

Wie wir einmal einen Schneckenladen eröffnet haben

Ich wache morgens auf, weil Tropfen an unser Fenster trommeln. Als ich das Rollo hochziehe und rausgucke, ist der Kaninchenstall verschwunden und die Linde auch. Ich sehe überhaupt nichts. Es regnet nämlich so sehr, dass die ganze Scheibe klitschnass ist und das Wasser in kleinen Bächen am Glas nach unten läuft. Das Einzige, was ich entdecke, ist ein neuer See. Mitten auf dem Rasen. Und der ist so groß, dass sogar Töffi darin schwimmen könnte. So heißt das Zwergnilpferdbaby bei uns im Zoo. Habe ich euch das eigentlich schon erzählt?

»Flo«, rufe ich. »Flo, wach auf!«

Aber Flo antwortet nicht, sondern sie schmatzt nur leise und dreht sich um. Deshalb springe ich zu ihr ins Bett und ein bisschen auch auf sie drauf und rüttele an ihrer Schulter. Dabei rufe ich die ganze Zeit: »Flo, Flo, Flo, Flo«, so lange, bis sie endlich ein Auge öffnet.

»Geh weg!«, sagt sie und guckt dabei ganz grimmig. »Du darfst nicht in mein Bett.«

»Draußen ist echter Trommelregen! Und ein

neuer See!«, antworte ich und rüttele noch ein bisschen doller an ihrer Schulter.

»Du sollst weggehen«, kreischt Flo und dann dreht sie sich auf einmal um und beißt mir einfach in die Hand. Richtig feste.

Die spinnt ja wohl total. Man darf nämlich gar nicht beißen und auch nicht kneifen und nicht hauen und anspucken auch nicht. Aber beißen und anspucken darf man am allerwenigsten.

»Du Blöde!«, brülle ich, und dann greife ich in Flos Haare und ziehe, so doll ich kann, richtig ein bisschen mit Ruck.

»Aua«, heult Flo und schubst mich, sodass ich aus dem Bett falle, und sie purzelt hinterher und dann rollen wir durchs Zimmer und dabei kneifen und kratzen und hauen wir uns und schreien rum.

Deshalb hören wir auch überhaupt nicht, dass die Zimmertür aufgerissen wird und an die Wand knallt und Papa zu uns hereingerast kommt wie eine Rakete.

»Was ist hier denn los, sagt mal, seid ihr verrückt geworden?«, ruft er und dabei packt er mit der einen Hand Flo und mit der anderen mich und zieht uns auseinander.

»Mimi hat mir richtig viele Haare ausgerissen!«, heult Flo.

»Und Flo hat mir ganz doll in die Finger gebissen«, rufe ich schnell.

»Aber Mimi hat angefangen«, behauptet Flo, doch das stimmt ja überhaupt nicht.

»Das stimmt nicht, Papa!«, brülle ich und merke, wie mir die Tränen in die Augen steigen. »Das stimmt echt nicht.«

»Jetzt hört ihr mir mal zu«, sagt Papa, und seine Stimme ist ganz leise, aber sie klingt auch ein bisschen gefährlich. »Mir ist total egal, wer angefangen hat. Ich möchte nicht, dass ihr haut und beißt und Haare zieht. Ist das klar?« Dabei guckt er uns ganz streng an. »Und vor allem will ich nicht, dass ihr hier so rumbrüllt, wenn der Tag noch nicht mal richtig angefangen hat.« Er reibt sich mit den Händen über die Augen. »Und jetzt lege ich mich noch mal hin, und von euch wollen Mama und ich keinen Mucks mehr hören, habt ihr das verstanden?« Dann dreht er sich um und geht einfach aus unserem Zimmer.

Flo starrt zur Tür. Dabei schiebt sie ihre Unterlippe nach vorne.

»Ich finde Papa richtig blöd«, sagt sie dann und schnieft.

»Ich auch«, antworte ich und dabei habe ich schon wieder einen Kloß im Hals und ein bisschen feuchte Augen. »Er hat uns überhaupt gar nicht getröstet.«

»Papa ist echt scheißblöd«, murmelt Flo.

»Richtig oberscheißblöd«, sage ich und schaue Flo an.

»Wollen wir uns wieder vertragen?«, fragt sie und legt dabei den Kopf schief.

Und da sage ich natürlich Ja, weil eigentlich finde ich es besser, wenn wir keinen Streit haben.

»Wollen wir einen Zettel schreiben, dass Papa überhaupt nie mehr in unser Zimmer darf?«, fragt Flo.

Und das machen wir dann. Also ich schreibe natürlich, weil Flo das ja noch nicht kann, und Flo malt eine gefährliche Giftspinne dazu und einen Regenwurm. Und das Blatt kleben wir dann an unsere Tür, und als wir damit fertig sind, gehen wir durch den Flur nach unten.

Vom Küchenfenster aus sehen wir, dass es nicht mehr regnet. Aber der See im Garten ist immer noch da.

»Glaubst du, dass da Fische drin sind?«, fragt Flo und schaut mich an.

»Vielleicht ganz kleine«, antworte ich, weil der See ist ja noch neu.

»Wollen wir mal gucken gehen?«, fragt Flo. Und das finde ich eine richtig gute Idee. Deshalb flitzen wir schnell in die Waschküche und ziehen uns Regenhosen und Regenjacken und Gummistiefel an und dann sausen wir nach draußen.

Der Rasen ist so nass, dass es bei jedem Schritt unter den Füßen schmatzt. Flo und ich müssen lachen, weil das so lustig klingt. Als wir beim See ankommen, können wir aber leider keine Fische entdecken.

»Ich glaube, wir müssen da mal reingehen und genau nachsehen«, sagt Flo und macht gleich den ersten Schritt ins Wasser.

»Flo, pass auf«, rufe ich. Weil Flo kann noch gar nicht schwimmen, und das kann dann gefährlich sein. Aber ich habe ja schon das Seepferdchen, zur Not könnte ich sie also vielleicht auch retten.

Flo hört aber gar nicht auf mich, sondern läuft immer weiter ins Wasser.

»Guck doch mal, Mimi«, ruft sie. »Der ist überhaupt nicht tief!«

Und tatsächlich. Obwohl Flo schon in der Seemitte steht, reicht ihr das Wasser nur bis zum oberen Rand von den Gummistiefeln.

Vorsichtig wate ich hinter ihr her. Aber sosehr wir auch im See herumlaufen und suchen, Fische finden wir nicht.

Dafür aber etwas anderes. Am Ufer in Mamas Blumenbeet sitzen nämlich Schnecken. Und zwar nicht nur drei oder vier, sondern eher so hundert. Oder tausend. Also auf jeden Fall richtig viele. Einige haben ganz schöne Häuser. Ich entdecke sogar eine mit rosa Punkten!

Und dann sind da auch noch Schnecken, die überhaupt kein Haus haben. Ich weiß gar nicht richtig, wo die eigentlich wohnen. Vielleicht in kleinen Höhlen im Wald oder so. Die sind entweder schwarz oder braun und ein bisschen eklig.

Flo findet das aber nicht.

»Guck mal, Mimi!«, ruft sie und reckt mir die Hand entgegen. Und darauf kriecht eine winzig kleine Nacktschnecke. Ein richtiges echtes Baby.

Ich strecke meinen Finger aus und streiche der Winz-Schnecke ganz vorsichtig über den Rücken. Sie kriegt einen Schreck und zieht sofort die Fühler ein. Eigentlich ist die doch ganz niedlich und auch gar nicht so schleimig. Also auf jeden Fall nicht von oben.

Und dann habe ich eine Idee.

»Wollen wir Schnecken sammeln?«, frage ich und hopse ungeduldig.

»Au ja!«, ruft Flo. »Und sollen wir dann einen Schneckenladen aufmachen?«

Das finde ich einen richtig guten Einfall. Wir flitzen durch den Garten zu unserem Sandkasten und holen uns Eimer.

»Du musst aber zwei Eimer nehmen«, sagt Flo und guckt ganz wichtig. »Einen für die Haus-Schnecken und einen für die Nacktschnecken. Die verstehen sich nämlich nicht so gut und streiten sonst.«

Ich weiß nicht genau, woher sie das weiß, aber sicherheitshalber nehme ich zwei Eimer, in jede Hand einen.

Und dann renne ich schnell los. Weil ich möchte auf jeden Fall die Schnecke mit den rosa Pünktchen haben, und wenn Flo vor mir da ist, will sie die bestimmt auch. Im Beet finde ich die Punkte-Schnecke sofort wieder. Sie sitzt ganz oben auf dem Phlox, das ist Mamas Lieblingsblume, weil sie so gut riecht. Und ich sehe, dass die Schnecke gerade ein Stückchen vom Blatt abknabbert. Das Haus mit den rosafarbenen Pünktchen glitzert sogar ein bisschen, so als wären da winzige Edelsteine drauf.

Als ich sie gerade nehmen will, kommt Flo angerast. Sie geht mit dem Kopf ganz nah an die Schnecke ran und guckt. »Ich glaube, das ist eine echte Prinzessinnen-Schnecke«, sagt sie dann und streckt die Hand nach ihr aus. Das gibt's ja wohl nicht!

»Nicht anfassen!«, schreie ich. »Das ist meine! Ich hab die zuerst gesehen!«

»Ich fass die doch gar nicht an«, zischt Flo und haut gegen den Phlox, sodass die Prinzessinnen-Schnecke fast abstürzt. Beinahe kriegen wir schon wieder Streit, aber dann doch nicht, weil Flo in dem Moment eine Schnecke entdeckt, die ein gelbes Haus mit schwarzen Streifen hat. Und die glitzert auch. Wenigstens ein bisschen.

»Ich habe jetzt eine eigene Prinzessinnen-Schnecke«, sagt sie triumphierend und guckt zufrieden. »Und die ist sogar noch größer als deine«, fügt sie stolz hinzu. Aber das ist mir ganz egal. Ich mag die kleinen sowieso lieber.

»Vielleicht sind das sogar Schwestern«, antworte ich, als ich meine Pünktchen-Schnecke vorsichtig in den Eimer setze.

Dann suchen wir und suchen. In meinen Eimern kriechen die Schnecken sogar schon übereinander, und manchmal muss ich sie vom Rand wieder nach unten legen, damit sie nicht abhauen.

Als Flo und ich fertig sind, setzen wir uns auf die Bank vor unserem Haus und zählen sie. Bei den Häuser-Schnecken ist das einfach, weil die sehen ja alle verschieden aus. Bei den Nacktschnecken muss ich dreimal von vorne anfangen.

»Also ich habe elf Haus-Schnecken und 21 Nacktschnecken«, sage ich schließlich zu Flo.

»Und ich habe 35 Haus-Schnecken und 98 Nacktschnecken«, antwortet sie. Aber das ist natürlich Quatsch. Weil Flo kann ja noch gar nicht so weit zählen. Aber auf jeden Fall hat sie auch ganz schön viele gesammelt. Das steht schon mal fest.

Auf einmal fängt es wieder an zu regnen. Es saust auch plötzlich ein bisschen Wind um uns herum, und weil meine Ärmel vorne nass sind, kriege ich eine Gänsehaut.

»Brrr, wollen wir reingehen?«, frage ich Flo.

»Nee«, antwortet Flo. »Mama will doch nicht, dass wir Tiere mit ins Haus bringen.«

Wir sitzen nebeneinander und kauen auf unseren Unterlippen herum und überlegen.

»Aber Keller ist ja nicht Haus«, murmelt Flo. »Keller ist Keller.«

»Was hast du gesagt?«, frage ich.

»Keller ist nicht Haus!«, antwortet Flo laut und guckt dabei ganz schlau. »Im Keller stehen ja auch Schrottfahrräder und Wäsche und Papas Spielzeugeisenbahn und alle anderen scheußlichen Sachen, die Mama nicht im Haus haben will.«

Und da hat sie natürlich recht. Aber ein bisschen gruselig ist es im Keller auch. Dort ist es so dunkel und es riecht auch komisch, irgendwie nach Wald mit Schlammsee und Pilzen.

Eigentlich mag ich im Keller nur Papas Eisenbahnraum. Der ist nämlich fast wie ein normales Zimmer, sogar mit Tapete und Teppichen. Er hat bloß keine Fenster.

»Gut«, sage ich. »Aber nur wenn Papas Zimmer das Geschäft ist.«

Und damit ist Flo einverstanden. Eigentlich dürfen wir gar nicht alleine ins Eisenbahnzimmer, sondern bloß mit Papa zusammen. Aber jetzt gerade will er ja noch schlafen und wir machen ja auch überhaupt nichts kaputt. Papa denkt das immer nur.

In seinem Spielzimmer hat er eine richtig große Landschaft aufgebaut, durch die ein Zug kurvt. Der kann sogar alleine fahren, wenn man auf einen Knopf drückt. Und es gibt auch einen kleinen Bahnhof und ganz viele Spielzeughäuser und sogar eine Bergstation mit einer echten Seilbahn.

»Also, die schönen Schnecken müssen direkt hinter der Ladentür sitzen, damit alle Leute die gleich sehen können«, erklärt Flo und ihre Stimme klingt ganz eifrig.

Ich nehme vorsichtig meine Pünktchen-Schnecke aus dem Eimer und setze sie direkt vor den Bahnhof.

»Du musst deine Streifenschnecke danebenlegen. Das sind doch Schwestern und die wollen mit dem Zug zu einem Ponyhof in Urlaub fahren«, sage ich zu Flo, und das macht sie sogar.

Und dann holen wir alle anderen Haus-Schnecken aus unseren Eimern und verteilen sie. Ein paar setzen wir vor die Spielzeughäuser und in die Gärten. Und schließlich nimmt Flo eine dicke Haus-Schnecke und klebt sie mitten oben auf die Lok.

»Das ist der Zugführer, der fährt den ganzen Tag rum«, sagt sie und guckt zufrieden.

»Die Nacktschnecken setzen wir weiter nach hinten«, schlage ich vor.

Deshalb geht Flo mit den beiden anderen Eimern zum größten Berg am Ende des Zimmers und kippt sie einfach darüber aus. Sie muss richtig ein bisschen auf den Boden vom Eimer klopfen und schütteln und dann kleben nur noch drei Schnecken am Rand, und die nimmt sie mit den Fingern heraus und legt sie zu den anderen. Fast kann man den Hügel nicht mehr sehen, weil so viele Schnecken daraufsitzen.

»Wollen wir die nach Farben sortieren?«, fragt Flo.

Aber da sage ich, dass wir das eigentlich nicht müssen. Die Nacktschnecken sind ja alle schwarz oder braun, und das ist ja fast gleich, und außerdem kriechen die sowieso wieder durcheinander.

»Jetzt brauchen wir nur noch richtig viel Futter«, sagt Flo.

Ich muss kurz überlegen, was Schnecken eigentlich gerne essen, aber dann fällt mir ein, dass meine Prinzessinnen-Schnecke gerne Blumen frisst. Deshalb sausen Flo und ich schnell noch einmal nach oben und draußen zu Mamas Blumenbeet und pflücken den ganzen Phlox, weil das ist ja ihr Leibgericht.

Es sind so viele Blumen, dass wir sie kaum tragen können. Im Keller reißt Flo die dann alle klitzeklein und verteilt die Blumenschnipsel in der Eisenbahnlandschaft. Das sieht richtig toll aus, wie ein Park mit ganz vielen Miniblumen.

»So«, sagt sie zufrieden und wischt sich die Hände an der Hose ab. »Fertig.«

Und dann fangen wir an zu spielen. Ich stelle mich vorne an die Tür und warte auf Schneckenkäufer und schreibe solange schon einmal auf eine Liste, was für Schnecken wir im Angebot haben.

Und Flo redet die ganze Zeit mit den Schnecken und streichelt sie und dann drückt sie sogar einmal auf den Zugknopf und die Lokführerschnecke surrt los und

fährt jetzt immer im Kreis, und das findet die bestimmt richtig gut.

Doch dann höre ich plötzlich noch ein anderes Geräusch. Die Kellertür geht nämlich auf.

»Mimi und Flo?«, ruft Papa.

»Upsi«, flüstert Flo.

»Wo seid ihr denn?«, ruft Papa noch ein bisschen lauter und dann knarrt die Treppe. Das heißt, dass er nach unten kommt.

Im Flur bleibt er stehen und starrt mich an.

»Was macht ihr in meinem Zimmer?«, ruft er, und ich glaube, er hat nicht so gute Laune.

»Wir spielen Verkaufsgeschäft«, sage ich und gucke auf den Teppich.

»Ihr wisst ganz genau, dass ihr hier nicht alleine rein...«, brüllt er und dabei kommt er zu mir an die Tür. Aber dann hört er mitten im Wort auf und starrt auf den Bahnhof.

»W...w...was ist das denn?«, stottert er und zeigt mit dem Finger auf die Haus-Schnecken, die auf den Zug warten.

»Das sind zwei Prinzessinnen-Schnecken und noch andere Haus-Schnecken«, sagt Flo. »Die wollen zum Ponyhof fahren. Willst du eine kaufen? Die sind aber teuer.«

»N...n...nein«, stammelt Papa und seine Augen sind immer noch ganz weit aufgerissen.

»Du kannst auch eine Nacktschnecke nehmen. Die sind billiger, aber die sitzen dahinten«, sagt Flo, doch Papa antwortet gar nicht, sondern er rast um die Eisenbahnplatte herum zu dem großen Berg mit der Seilbahn und starrt auf die braunen und schwarzen Schnecken, die alle durcheinanderkriechen.

Und genau dann fährt hinten am Hügel der Zug mit der dicken Lokführerschnecke vorbei. Als er das sieht, reißt Papa die Augen so weit auf, dass sie fast rausfallen, und schnappt laut nach Luft. Das sieht lustig aus und Flo und ich müssen ziemlich doll kichern.

»Mimi und Florentine«, japst Papa. »Ihr kommt jetzt auf der Stelle hierher und sammelt alle Schnecken ein. Alle. JEDE EINZELNE VERDAMMTE SCHNECKE! UND DAS GRÜNZEUG AUCH!!«

Damit meint er die Blumen.

Flo schiebt ihre Hand in meine. »Papa darf echt nie, nie, nie mehr in unser Zimmer«, flüstert sie und ich nicke.

Es ist gar nicht so einfach, alle Schnecken wieder einzusammeln. Ein paar sind nämlich abgehauen und kleben in den Häusern. Und eine finde ich sogar hinten auf einem

Feuerwehrauto. Papa hilft uns nicht, noch nicht mal bei den Blumenschnipseln.
Er steht im Flur und schnauft. Erst laut und dann ein bisschen leiser. Und als unsere Eimer voll sind und wir fast alle Schnecken gefunden haben, wieder ganz normal.

Als wir fertig sind, hockt Papa sich hin und guckt uns ins Gesicht.

»Mimi und Flo«, sagt er ganz ernst. »Ein Keller ist kein Schneckenladen. Und das wisst ihr auch. Stellt euch mal vor, die hauen alle ab, kriechen bis zur Waschmaschine und verstecken sich da. Und dann zieht Mama sich morgens an und hat eine Nacktschnecke in der Socke. Könnt ihr euch vorstellen, wie die gucken würde?«

Flo zieht die Nase kraus und kichert.

»Ihr bringt nie wieder Tiere in den Keller«, sagt Papa. »Versprecht ihr mir das?«

Flo und ich gucken ihn an und nicken.

»Aber können wir vielleicht im Garten einen Schneckenladen aufmachen?«, fragt Flo.

»Wo ihr wollt«, antwortet Papa. »Nur nicht

im Keller und nicht im Haus und bitteschön auch nicht im Auto.«

»Kaufst du denn dann auch eine Schnecke bei mir ein?«, fragt Flo.

»Meinetwegen«, sagt Papa. »Aber wollen wir vorher vielleicht noch frühstücken?«

»Meinetwegen«, antwortet Flo und dann müssen wir alle drei ein bisschen lachen.

Flo und ich nehmen unsere Schneckeneimer und wir gehen zusammen nach oben. Wir setzen uns an den Tisch und Papa macht Frühstück, sogar mit Rührei und Kakao. Flo und ich haben aber gar nicht so viel Zeit, weil wir natürlich sofort wieder zurück in den Garten wollen, um den neuen Schneckenladen aufzubauen.

Als Papa auch endlich mit dem Essen fertig ist, kommt er zu uns nach draußen und kauft eine Nacktschnecke. Und danach guckt Mama sich unser Geschäft an und sie nimmt sogar eine Haus-Schnecke und eine Nacktschnecke. Anschließend kauft Flo ein paar Schnecken bei mir ein und dann ich welche bei ihr.

»Wollen wir morgen vielleicht auch noch Käfer suchen?«, fragt Flo als wir abends im Bett liegen.

»Und Würmer«, antworte ich. Dann drehe ich mich um und kuschele mich in meine Decke.

Und ich bin ganz froh.

ISBN 978-3-8458-2138-2

Ziemlich beste Schwestern

Eine Geschichte zum Lesen und Vorlesen.

Mimi und Flo haben immer die besten Ideen.
Einen Überraschungskuchen machen zum Beispiel.
Sooo schwierig kann Backen ja nicht sein!
Oder doch? Und wie wäre es mit einer Mäusefamilie,
die ins Puppenhaus einzieht? Dumm nur, dass
die kleinen Nager gar nicht dran denken,
brav in ihrem Versteck zu bleiben …